11

GROVE COURT

SUSAN KAUFMAN

NEW YORK

WIE ES KEINER KENNT

MIDAS COLLECTION

177

Inhalt

Einführung

Wenn die Leute an New York City denken, dann stellen sie sich hoch aufragende Wolkenkratzer, belebte Straßen und überfüllte Fußwege vor. Charmant ist nicht gerade das Adjektiv, das einem normalerweise in den Sinn kommt. Doch abseits von Stahl und Glas in Midtown hat die Stadt auch eine andere Seite, die malerisch, etwas ruhiger und – ja – sogar wirklich charmant ist. Die Kopfsteinpflaster-Straßen von SoHo, die verzierten gusseisernen Verandas von Gramercy Park und die eleganten Kalkstein-Stadthäuser der Upper East Side sind nicht nur postkartenschön, sondern spiegeln auch die Geschichte dieser sich ständig weiterentwickelnden Stadt auf faszinierende Weise wider. Das ist das New York, zu dem ich mich immer hingezogen gefühlt habe.

Ich habe in New York City gelebt, seit ich erwachsen bin, und wie eine echte New Yorkerin bin ich die meiste Zeit zur Arbeit gehetzt, habe die U-Bahn genommen, um von A nach B zu kommen, und habe nie lange genug innegehalten, um die Schönheit um mich herum wahrzunehmen. Wie konnte ich, die ich im Herzen des historischen Greenwich Village lebte, die blühenden Magnolienbäume im Washington Square Park, die bezaubernden Stadthäuser in der West 10th Street und die Grace Church (ein Meisterwerk der französischen Gotik des Architekten James Renwick Jr.) am Broadway so wenig wahrnehmen und wertschätzen?

Auf meinen Reisen außerhalb New Yorks hatte ich immer meine »seriöse« Nikon-Kamera dabei und knipste Film um Film. In einer neuen Umgebung war ich immer wie ein Kind in einem Süßwarenladen, das meilenweit wanderte und von seinen Entdeckungen zu sehr inspiriert war, um Müdigkeit zu empfinden. Aber es bedurfte der Magie der modernen Technik, um meine Kamera auf meine eigene Stadt zu richten. Die Erfassung meiner Schritte mit einer Fitbit-Uhr spornte mich an, mehr zu erlaufen und zu erkunden, das mitgeführte iPhone

Urban Backyard, ein kleines, charmantes Café in der Mulberry Street in Nolita

bedeutete, dass ich immer eine Kamera zur Hand hatte, und das Posten auf Instagram bot eine unterhaltsame Möglichkeit, meine Fotos mit anderen zu teilen.

Viele Jahre lang stand ich in aller Herrgottsfrühe auf, um vor der Arbeit einen Spaziergang zu machen, wobei ich meine Route nach und nach erweiterte. Manchmal durchquerte ich das West Village, an anderen Tagen ging ich auf dem Weg zu meinem Büro im Stadtzentrum durch den Gramercy Park. Ich begann, das zu fotografieren, was mich besonders ansprach: markante Türen (#dooroftheday war ein beliebter Hashtag), stilvolle Schaufensterfronten, klassische Brownstone-Gebäude, architektonische Details und hübsche Blumenläden. Nachdem ich meinen Vollzeitjob aufgegeben hatte, konnte ich zum Glück meine Lieblingsviertel der Stadt noch öfter entdecken und durchstreifen.

Das sind die Stadtteile, die ich in dieses Buch aufgenommen habe. Und es ist keine Überraschung, dass die meisten von ihnen von meiner Wohnung in Greenwich Village aus zu Fuß erreichbar sind: das East und West Village, SoHo, NoHo, Nolita, Gramercy Park und Murray Hill. Etwas weiter entfernt liegen die Upper East Side, eine Gegend, in die ich oft zum Arbeiten und für Museumsbesuche kam, und Brooklyn Heights, ein Viertel, das mich mit seinen begrünten Straßen voller wunderschöner historischer Architektur sofort in seinen Bann zog. Und obwohl es noch viele andere reizvolle und bemerkenswerte New Yorker Stadtteile gibt, wäre es doch unmöglich, sie alle in in einem Buch vorzustellen.

Warum also dieses Buch? Nachdem ich immer wieder von meinen Instagram-Followern hörte, dass sie gerne mit mir spazieren gehen und die Stadt mit meinen Augen sehen würden, entstand die Idee zu »New York, wie es keiner kennt«. Zusätzlich zu meinen Lieblingsfotos habe ich illustrierte Karten mit meinen Lieblingsstraßen hinzugefügt, und ich habe den Standort jedes Bildes angegeben, damit andere Spaziergänger diese Juwelen selbst entdecken können.

Ich hoffe, dass mein sehr persönliches und intimes Porträt von New York City jeden ansprechen wird, der davon träumt, in einem schönen Brownstone-Haus zu wohnen oder in einem Village-Café zu sitzen; für Besucher und ehemalige Stadtbewohner, die besondere Erinnerungen an ihre Zeit hier haben; und für meine New Yorker Mitbürger, die hoffentlich dazu inspiriert werden, die liebgewonnene Stadt mit neuen Augen und neuer Wertschätzung zu betrachten.

Viel Spaß beim Spazierengehen!

Susan Kaufman
New York City, 2021

GEGENÜBER, IM UHRZEIGERSINN VON OBEN LINKS: Skurrile schwarze Türen in der Gay Street; Roman and Williams Guild, Howard Street; LoveShackFancy, Bleecker Street; Jack's Stir Brew, West 10th Street

JACK'S
COFFEE
FAIR TRADE
SHADE GROWN
138
138

LOVE

NO PARKING THURSDAY
48

GREENWICH VILLAGE

Schon immer empfand ich es als ein Riesenglück, mitten in Greenwich Village zu wohnen. Der Washington Square Park mit seinem ikonischen, von Stanford White entworfenen Bogen ist nur ein paar Blocks von meiner Haustür entfernt. Auf dem Weg zum Park kann ich die Washington Mews durchqueren, eine wenig befahrene Straße mit Kopfsteinpflaster und charmanten Kutschenhäusern. Und ein Spaziergang durch die 10th Street zwischen der 5th und 6th Avenue (meiner Meinung nach der schönste Block in New York) ist wie ein Spaziergang durch die Geschichte: Mark Twain wohnte in Nummer 4, die Dichterin Emma Lazarus in Nummer 18 und der Künstler Marcel Duchamp in Nummer 28 (eines der Stadthäuser der »English Terrace Row« von James Renwick Jr.). Große Namen, wohin man schaut, und ich bin wirklich dankbar, dass ich in meinem täglichen Leben von so viel Schönheit umgeben bin.

Ich lebe seit vielen Jahren im Village, aber schon bevor ich mich hier niederließ (wovon ich immer geträumt habe), verbrachte ich einen Großteil meiner Kindheit und auch als junge Erwachsenene bei meiner Großmutter in ihrer Wohnung in Greenwich Village. Ich spielte im Springbrunnen im Washington Square Park, kaufte »groovige« Schuhe in der 8th Street, hörte Jazz im Bradley's am University Place … Ich könnte endlos weitermachen, denn ich bin mit dieser Gegend bestens vertraut. Und wie in so vielen New Yorker Vierteln hat sich auch hier im Laufe der Jahre einiges verändert. (Ich bin dankbar, dass Il Cantinori, mein Lieblingsrestaurant – und der Ort meiner Verlobung – immer noch gut läuft.) Aber auch wenn das Village nicht mehr das Bohème-Viertel oder die Kunstmetropole von einst ist, schlagen sein Herz und seine Seele nach wie vor: von den hübschen Reihenhäusern im neugriechischen Revival-Stil aus dem 19. Jahrhundert in Edith Whartons Washington Square North über das Cafe Wha? – das Village wird immer ein Schmuckstück von New York bleiben.

Eine farblich perfekt abgestimmte Vespa passt zu einem charmanten Stadthaus von 1849 in der West 10th Street.

ESPRESSO

GEGENÜBER, IM UHRZEIGERSINN VON OBEN LINKS: Blühende Tulpen an der West 10th Street; das altmodische Interieur des Caffe Dante an der MacDougal Street; ein Hauch von Grün an der West 10th Street; ein hübsches Brownstone-Gebäude am Waverly Place **OBEN:** Das schöne gotische Pfarrhaus der Grace Church an Broadway / East 10th Street wird teilweise von Kirschblüten verdeckt.

GEGENÜBER: Spaziergänger gehen an einer beeindruckenden Fassade in der West 9th Street vorbei. **OBEN**: Das auffällige Schaufenster von University Floral Design am University Place

OBEN: Blühende Kirschbäume verschönern einen regnerischen Tag im Washington Square Park. **GEGENÜBER:** Die malerische Überdachung und die Blumenkübel von Il Cantinori in der East 10th Street, einem der beliebtesten Lokale des Viertels

32
RISTORANTE IL CANTINORI
32

OBEN: Das schöne Stadthaus im italienischen Stil (ca. 1856) an der West 10th Street war einst das Zuhause der Dichterin Emma Lazarus. **GEGENÜBER**: Der mit Herbstblättern übersäte Gehweg der West 10th Street

OBEN: Die fantasievolle Schaufensterfront und der niedliche Wagen der Sullivan Street Tea and Spice Company bringen altmodischen Charme in die Sullivan Street. **GEGENÜBER, IM UHRZEIGERSINN VON OBEN LINKS:** In der Sullivan Street zwischen Bleecker und Houston Street gibt es eine bunte Mischung von Hauseingängen mit Juliette-Balkonen, bunten Fassaden und eleganten Bögen.

180

188

GROSVENOR
PRIVATE BOARDING STABLE
50

GEGENÜBER: Dieser hübsche ehemalige Stall in der West 10th Street wurde 1887 in ein Privathaus umgewandelt. Der Dramatiker Edward Albee lebte hier in den 1960er-Jahren. **OBEN:** Eine schneebedeckte Reihe der eleganten Stadthäuser des Architekten James Renwick Jr. in der West 10th Street

OBEN: In diesem winzigen grauen Gebäude an der East 13th Street war einst das Verlagshaus der Schriftstellerin Anaïs Nin untergebracht. **GEGENÜBER, IM UHRZEIGERSINN:** Die farbenfrohen Fassaden der MacDougal Street; lavendelfarbene Fensterläden in den malerischen Washington Mews; Platz für eine Vespa am West Washington Place; Cottage-Charme in den Washington Mews

14

64

 OBEN: Ein Blick auf den Washington Square Arch, verdeckt von hübschen Magnolien- und Kirschblüten

Meine Lieblingsorte

GREENWICH VILLAGE

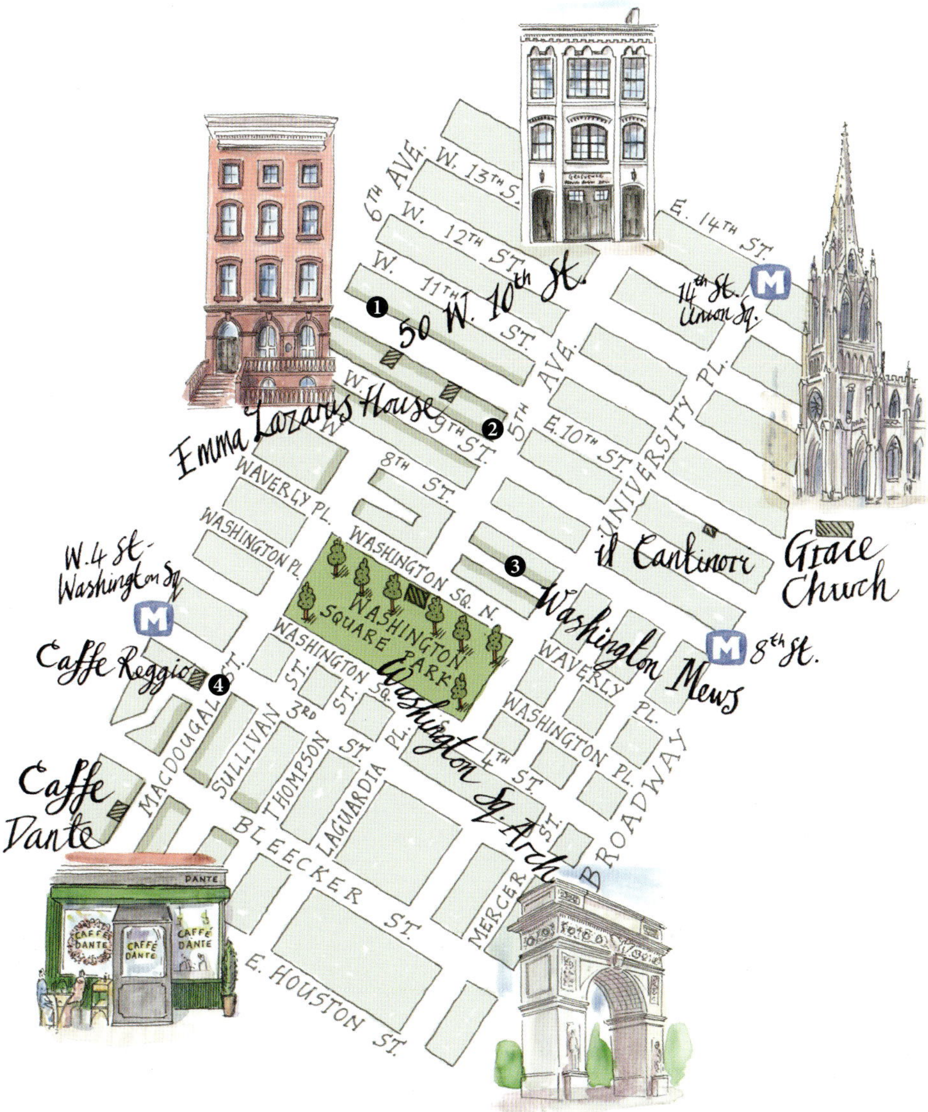

❶ W. 10th Street
Mein absoluter Lieblingsblock in New York. Schöne historische Stadthäuser säumen sowohl die Nord- als auch die Südseite der Straße zwischen der 5th und 6th Avenue.

❷ W. 9th Street
Die Stadthäuser zwischen der 5th und 6th Avenue sind immer wieder beeindruckend, besonders aber, wenn sie für die Winterferien geschmückt sind.

❸ Washington Mews
Ein charmanter Block mit zweistöckigen Kutschenhäusern zwischen University Place und 5th Avenue

❹ MacDougal Street
Zwischen der West 3rd Street und der Houston Street gibt es bezaubernde Cafés und bunte Hausfassaden.

LO
VE
PEACEPEACE

WEST VILLAGE

Wenn es um Charme und Geschichte geht, gibt es nichts Besseres als das West Village. Es ist mein absolutes Lieblingsviertel zum Spazierengehen und Fotografieren. Tatsächlich war die Auswahl meiner Fotos für dieses Kapitel bei weitem die größte Herausforderung, denn sie alleine könnten ein ganzes Buch füllen!

Ein Teil der einzigartigen Anziehungskraft des Viertels liegt in seinem eigenwilligen Grundriss. Anders als im übrigen Manhattan, wo die Straßen einem organisierten Rastersystem folgen, ist das West Village noch immer nach dem ursprünglichen Plan aus dem 18. Jahrhundert angelegt. Wenn man sich durch die gewundenen, von Bäumen gesäumten Straßen dieses überwiegend von Wohnhäusern geprägten Viertels schlängelt, hat man das Gefühl, dem hektischen Manhattan zu entkommen. Es ist auch sehr, sehr einfach, sich hier zu verlaufen. Aber es macht einfach Spaß, sich zwischen den hübschen Backsteinhäusern, den klassischen Brownstones, den versteckten Innenhöfen, Geschäften und Restaurants zu verlieren.

Seit Jahren ist es meine morgendliche Routine, von der Wohnung in der East 10th Street nach Westen zu gehen, um einen Kaffee bei Jack's Stir Brew in der 10th Street zwischen Greenwich Avenue und Waverly Place zu trinken. Von dort aus kann ich nie widerstehen, die wunderbare Buchhandlung Three Lives & Co. einen halben Block weiter zu besuchen und anschließend einen Spaziergang durch die Nachbarschaft zu machen.

Und jedes Mal, wenn ich diese Enklave erkunde, danke ich im Stillen der New York City Landmarks Preservation Commission dafür, dass sie bereits 1969 mehr als fünfzig Blocks des Viertels als historischen Bezirk ausgewiesen hat, um den Charakter der alten Welt zu erhalten. Das West Village beherbergt die größte Konzentration früher New Yorker Wohnarchitektur in allen fünf Stadtbezirken, und bei Änderungen an den Fassaden muss die Ästhetik des Gebäudes erhalten bleiben.

Viele der wichtigen kulturellen Bewegungen des Landes – von der Schwulenbewegung bis zum experimentellen Theater – haben hier ihren Anfang genommen, und die Liste der Schriftsteller, Dichter, Musiker und Schauspieler endlos, die das West Village ihr Zuhause nannten. Dank der Informationstafeln an vielen Gebäuden macht es immer wieder Spaß, bei meinen Streifzügen mehr über die Geschichte des Viertels herauszufinden.

Eine »liebevoll« kreative Tür in der West 4th Street zwischen Bank und West 12th Street

GEGENÜBER: Eine unerwartete Kombination aus Schnee und künstlichen Rosen in der West 10th Street
OBEN: Das Dante West Village, ein charmantes Café an der Ecke Perry und Hudson Street, ist auch an einem regnerischen Tag einladend.

OBEN: Ein Privathaus in der Greenwich Street und der West 11th Street, umgeben von üppigem Grün, **GEGENÜBER, IM UHRZEIGERSINN VON OBEN LINKS:** Commerce und Bedford Street; das Juweliergeschäft Gorjana in der West 4th Street; Gay Street; historisches Holzrahmenhaus (ca. 1822) in der Grove Street

ONE WAY
gorjana

10

OBEN: Die wunderschöne Blumeninstallation eines Pop-up-Ladens bringt einen Hauch von Romantik in die Greenwich Avenue. **GEGENÜBER**: Left Bank Books, eine herrlich altmodische Buchhandlung für seltene und gebrauchte Bücher in der Perry Street

LEFT BANK BOOKS
NOAH WAXMAN

228
WILFIE & NELL

GEGENÜBER, IM UHRZEIGERSINN VON OBEN LINKS: Wilfie & Nell Restaurant, West 4th Street; John Derians Laden in der Christopher Street; Herbstlaub in der West 11th Street; Petite Boucherie, Ecke Christopher und Gay Street **OBEN:** Die jährliche Kürbisausstellung im historischen Grove Court

OBEN: Kreativ gestaltete Schaufenster in der Bleecker Street zwischen Perry und Charles Street **GEGENÜBER:** Sogno Toscano, ein charmantes Café und italienischer Lebensmittelladen an der Ecke Perry Street und Waverly Place

SOGNO TOSCANO
ESPRESSO BAR
WINE

42

20+C+M+B+
211

GEGENÜBER, IM UHRZEIGERSINN VON OBEN LINKS: Eine Auswahl markanter Hauseingänge und Türen in der Jane, Bank, West 11th und West 13th Street **OBEN:** Eine blumengeschmückte Treppe und eine elegante Tür in Aubergine an der West 11th Street

OBEN: Eine gemütliche Sitzbank und leuchtende Sonnenblumen im Pastis, einem klassischen französischen Bistro in der Gansevoort Street **GEGENÜBER:** Ein Backsteingebäude aus dem frühen 18. Jahrhundert an der Ecke von Waverly Place und West 11th Street

W 11 ST
215

OBEN: Das spanische Restaurant Sevilla in der Charles Street ist seit vielen Jahren ein Geheimtipp im Viertel.
GEGENÜBER: Geschmückte Treppe in der Bank Street; das Cherry Lane Theatre in der verwinkelten Commerce Street; das Restaurant Sant Ambroeus in der West 4th Street; Gay Street, Blickrichtung Norden

26

Waverly

ONE WAY

OBEN: Ein klassisches Brownstone-Haus und der Publikumsliebling in der Perry Street (die Fassade von Carrie Bradshaws Wohnung aus *Sex and the City*)

Meine Lieblingsorte

WEST VILLAGE

❶ **Perry Street**
Der Block steht ganz oben auf meiner Liste der schönsten Stadthäuser.

❷ **Bleecker Street**
Die kreativsten Schaufenster befinden sich zwischen Bank und Perry Street.

❸ **Gay Street**
Ein schmaler historischer Block, der wohl zu den meistfotografierten im Viertel gehört

❹ **Grove Street**
Zwischen Bleecker und Hudson Street befinden sich die zwei schönen Restaurants Little Owl und Buvette, die Fassade der *Friends*-Wohnung und der historische Grove Court.

❺ **Commerce Street**
Ein verwinkeltes Viertel zwischen Bedford und Barrow, in dem sich das Cherry Lane Theatre und die »Twin Houses« (ca. 1831) befinden.

EAST VILLAGE

Das East Village bezeichne ich gerne als die wilde kleine Schwester des West Village – kantiger, weniger geschliffen, aber dafür mit viel Spaß. Das Viertel ist natürlich um einiges moderner als zur Zeit von Peter Stuyvesant, dem holländischen Gouverneur von Neu-Amsterdam, der 1650 dreihundert Hektar Ackerland kaufte und sein Haus in der 10th Street baute. Aber es gibt auch heute noch viel historischen Charme, vor allem in der Stuyvesant Street und in der 10th Street zwischen 2nd und 3rd Avenue.

Diese beiden ruhigen Blocks sind jedoch eher untypisch für dieses Viertel. Wenn Sie die 2nd Avenue in Richtung Osten überqueren, erleben Sie das lebendigere, flippigere East Village. Dies ist das Viertel meiner frühen New Yorker Tage: billige, aber köstliche Restaurants am St. Marks Place; Drinks mit Freunden in verrauchten Spelunken; Tanzen in den Clubs entlang der Avenue A. Viele dieser Bars und Clubs sind längst verschwunden, und die Kunst-, Beatnik-, Hippie- und Punk-Szene sind weitgehend Geschichte. Doch trotz der massiven Gentrifizierung in den letzten zwei Jahrzehnten hat sich das Viertel einiges von seinem coolen, jugendlichen Geist bewahrt. Mit seinen vielen Indie-Läden, Vintage-Kleidungsgeschäften, hippen Bars und Restaurants ist das East Village immer noch ein Ort, den ich gerne erkunde. Wo sonst kombiniert man ein koreanisches Brathähnchen-Restaurant (MonoMono) mit einem schicken Blumenladen (Le Bouquet)?

Das East Village war schon immer ein Schmelztiegel, und in den alten Mietskasernen finden sich Anklänge an die Vergangenheit der Einwanderer. Von den ersten deutschen Einwanderern, die in den 1800er-Jahren landeten, bis zu den osteuropäischen Juden, Iren, Polen, Ukrainern und Puertoricanern, die später kamen, hat das Viertel noch immer eine lebendige Mischung aus Menschen und Kulturen. Was könnte mehr New York sein als das?

Ein charmantes, mit Glyzinien bewachsenes Gebäude an der Ecke Stuyvesant und East 10th Street an einem regnerischen Frühlingstag

GEGENÜBER: Stuyvesant Street, einer der ältesten Blocks in Manhattan, mit Blick nach Osten auf die 2nd Avenue **OBEN**: Barbiere’s, ein einzigartiger Vintage-Friseurladen in der East 5th Street

OBEN: Der süße Vintage-Kleiderladen von Cloak & Dagger in der East 9th Street
GEGENÜBER, IM UHRZEIGERSINN: Stranded Records, East 5th Street; Niconeco Zakkaya, ein japanischer Schreibwarenladen in der East 10th Street; 9th St. Vintage, in der East 9th Street; Cobblestones, ein Laden für Vintage-Kleidung, East 9th Street

RECORDS
Stranded
BUY SELL TRADE

263
niconeco
zakkaya
Inspirational Japanese
Stationery & Gift
5

COBBLESTONES

9th ST. Vintage
346

THE IMMIGRANT
TAP ROOM
341
WINE BAR

GEGENÜBER: The Immigrant, eine Bier- und Weinbar in einem ehemaligen Mietshaus in der East 9th Street
OBEN: Die blumengeschmückte Treppe eines historischen Stadthauses von 1841 in der East 7th Street

KHILADI

t
tea drunk

GEGENÜBER, IM UHRZEIGERSINN VON OBEN LINKS: Das rustikale Interieur des italienischen Restaurants Gemma im Bowery Hotel; John Derians Laden für Wohnkultur in der East 2nd Street; Tea Drunk, ein Laden für Teeproben in der East 7th Street; das indische Restaurant Khiladi in der Avenue B
OBEN: Der Blumenladen Le Bouquet und das koreanische Restaurant MonoMono in der East 4th Street

OBEN: Eine gelungene Mischung aus Farben, Texturen und architektonischen Details an einem Eingang in der East 7th Street **GEGENÜBER, IM UHRZEIGERSINN:** Einige charmante architektonische Verzierungen, die im gesamten Viertel zu finden sind

OBEN: Ein Herbstspaziergang vorbei an einem kunstvollen geschmiedeten Balkon und Zaun in der East 10th Street zwischen 2nd und 3rd Avenue

Meine Lieblingsorte

EAST VILLAGE

❶ E. 10th Street
Ein von Bäumen gesäumter Block mit Reihenhäusern aus dem Jahr 1856 zwischen der 2nd und 3rd Avenue, der von der historischen St. Mark's Church gekrönt wird

❷ Stuyvesant Street
Eine der ältesten und malerischsten Straßen in New York, mit meinem Lieblings-Eckhaus zu jeder Jahreszeit

❸ E. 9th Street
Der Block zwischen der 1st und 2nd Avenue ist gespickt mit reizvollen Indie-Läden.

❹ E. 7th Street
Zwei Blocks mit abwechslungsreichen Restaurants und Ladengeschäften zwischen 2nd Avenue und Avenue A

SAXON+PAROLE
SAXON+PAROLE

NOHO & NOLITA

NoHo (nördlich von Houston) und Nolita (nördlich von Little Italy) waren bis in die späten 1990er-Jahre relativ verschlafene Viertel, bevor dort schicke Cafés und Geschäfte einzogen. Immobilienmakler dachten, dass die neuen Namen dem hippen Viertel, in dem die Mieten schnell stiegen, mehr Ansehen verleihen würden. NoHo ist nicht groß und erstreckt sich nur über ein paar Blocks. Es war ursprünglich Teil des East Village, während Nolita immer als Teil von Little Italy betrachtet wurde. Einst gab es hier traditionelle Bäckereien, Kirchen und italienische Metzgereien (Albanese Meats & Poultry ist der einzige Überlebende), heute ist Nolita ein beliebtes Ziel für alles, was Stil hat. Mir gefällt das europäische Flair, das viele der Boutiquen und Cafés ausstrahlen.

In der Elizabeth Street gibt es nicht nur wunderbare Geschäfte, sondern auch den Elizabeth Street Garden, den ich wegen seiner skurrilen Mischung aus Skulpturen und architektonischen Artefakten gerne besuche – ein ruhiger Ort inmitten eines geschäftigen Viertels.

Zwar haben sich beide Viertel weiterentwickelt, aber die Spuren der Vergangenheit sind noch immer zu sehen. In NoHo, in der kopfsteingepflasterten Bond Street zwischen Lafayette und Bowery (denkmalgeschützt und einer der architektonisch bedeutendsten Blocks in New York), finden Sie ein elegantes, kürzlich restauriertes weißes Gusseisengebäude aus dem Jahr 1884 mit der Nummer 54. Die Nummer 24, 1893 erbaut, gehörte in den 1970er Jahren dem berühmten Fotografen Robert Mapplethorpe; das Gene Frankel Theatre befindet sich seit den 1940er-Jahren im Erdgeschoss, und 1998 wurde die Fassade um ein Dutzend skurriler tanzender Goldstatuen des Bildhauers Bruce Williams ergänzt. Das Smile, eines meiner Lieblingsrestaurants, ist an Nummer 26 zu finden, und zwar im Untergeschoss eines hübschen Backsteinhauses aus dem Jahr 1831. Das ist doch eine Menge Geschichte für einen kleinen Block!

Das Wandgemälde von Shepard Fairey zeigt Deborah Harry (Blondie) und verleiht dem Gebäude (ca. 1868) an der Ecke Bowery und Bleecker Street einen punkigen Touch.

OBEN: Der festliche Weihnachts-Pop-up-Shop von Marché Maman in der Centre Street **GEGENÜBER, IM UHRZEIGERSINN:** Die Ceci Cela Patisserie in der Delancey Street; das Restaurant Smile in der Bond Street; die Parfümerie Le Labo in der Elizabeth Street; das Lafayette Grand Café & Bakery in der Lafayette Street

PATISSERIE
OPEN

THE SMILE

LE LABO inc.
MANUFACTURERS OF
FINE PERFUMERY
233 ELIZABETH STREET NEW YORK CITY
LE LABO

OBEN: Der französische Laden L'Appartement Sézane mit einer Hommage an Capri und italienische Lebensart in der Elizabeth Street **GEGENÜBER:** Das altehrwürdige Schaufenster des historischen französischen Kerzenherstellers Cire Trudon, ebenfalls in der Elizabeth Street

TRVDON
.1643.
Our Store is Open
Monday to Saturday 11am - 7pm
Sunday 12pm - 6pm

DESDE VISTA 1916
HERMOSA
SALSA FANTASTICA
EVENTOS
ENVENIDOS

BEST VEAL
ALBANESE MEATS &
HOME OF THE
"I GOT CHA"
HOME OF THE
GOT'CHA STEAKS

Café Habana
Lets TACO BOUT it BABY

RESTAURANT BAR
CAFÉ SELECT

GEGENÜBER, IM UHRZEIGERSINN VON OBEN LINKS: Perfekt angelehnte Fahrräder in der Elizabeth Street; Albanese Meats & Poultry in der Elizabeth Street, die Metzgerei im Viertel seit 1923; das Schweizer Restaurant Cafe Select in der Lafayette Street; das kubanisch-mexikanische Restaurant Café Habana in der Prince Street **OBEN:** Warten auf einen Tisch bei Jack's Wife Freda in der Lafayette Street

GEGENÜBER: Cleveland Place an einem stimmungsvollen Wintertag
OBEN: Ein abgehärteter Postbote bei einer Zustellung in der Elizabeth Street

GEGENÜBER: Eine Sammlung von architektonischen Elementen und Skulpturen im vielfältigen Elizabeth Street Garden, einer städtischen Oase zwischen Prince und Spring Streets **OBEN:** Ein prachtvoller Baum blüht mitten im Elizabeth Street Garden.

NOW PLAYING
SMILE

GEGENÜBER: Wunderliche tanzende Goldskulpturen schmücken 24 Bond Street (links), ein Backstein-Stadthaus von 1831, in dem das Restaurant Smile (rechts) untergebracht ist.
OBEN: Ein stattlicher und historischer Eingang aus Gusseisen (ca. 1874), ebenfalls in der Bond Street

 OBEN: Das kleine Restaurant Freemans in der versteckten Freemans Alley (einige Blocks östlich von Nolita)

Meine Lieblingsorte

NOHO & NOLITA

❶ **Bond Street**
Eine wunderbare Mischung aus alten und neuen architektonischen Schmuckstücken in einer charmanten Straße mit Kopfstein

❷ **Mott Street**
Ein ruhiger Block mit altmodischem Charakter zwischen Houston und Prince Streets

❸ **Elizabeth Street**
Das internationale Flair der Boutiquen und Restaurants zwischen der Houston Street und der Prince Street hat einen ausgeprägt europäischen Charakter.

❹ **Lafayette Street**
In den Cafés und Restaurants zwischen Spring und Broome Street herrscht immer reges Treiben.

LOUIS VUITTON
DIOR
DIOR

SOHO

SoHo (South of Houston Street) beherbergt die größte Sammlung gusseiserner Architektur der Welt. Diese prächtigen Gebäude, die größtenteils zwischen 1840 und 1880 errichtet wurden, wären beinahe durch das Lower Manhattan Expressway Project in den 1960er-Jahren zerstört worden, das eine Autobahn mitten durch SoHo vorsah! Doch dank der Journalistin und Stadtaktivistin Jane Jacobs, Denkmalschützern, Gemeindevertretern und ansässigen Künstlern konnte das Viertel gerettet werden, und die charakteristischen Gebäude sind bis heute intakt. Und seit 1973 steht der SoHo-Cast Iron Historic District unter Denkmalschutz.

Meine ersten Erfahrungen mit SoHo gehen auf die späten Siebzigerjahre zurück, als ich das Glück hatte, ein Praktikum in der renommierten Leo Castelli Gallery am 420 West Broadway zu ergattern. Damals lebten in SoHo kämpferische Künstler in industriellen Loftwohnungen (bevor die meisten Leute überhaupt von offenem Wohnen gehört hatten). Es gab nur eine Handvoll Restaurants (Kenn's Broome Street Bar, Fanelli Cafe und Raoul's) zwischen den Kunstgalerien und keine nennenswerten Läden. Das SoHo von heute sieht ganz anders aus. Es gibt zwar immer noch ein paar Galerien, aber sie werden zahlenmäßig bei weitem übertroffen von den High-End-Designer-Boutiquen, fabelhaften Restaurants (La Mercerie Cafe ist mein aktueller Liebling, aber Balthazar ist immer noch ein langjähriger Favorit) und viele schicke Hotels. Die einst flippigen Künstlerlofts sind inzwischen nicht mehr so flippig und alles andere als erschwinglich. Aber trotz all dieser Veränderungen sind die gepflasterten Straßen, die ikonischen Gebäude aus Gusseisen und Backsteinen und vor allem der einzigartige Charakter des Viertels erhalten geblieben. Obwohl ich die Party-Atmosphäre des Viertels an den meisten Tagen durchaus zu schätzen weiß, genieße ich den besonderen Zauber von SoHo am liebsten in den frühen Morgenstunden, bevor sich die Scharen von Shoppern und Nachtschwärmern breit machen.

Designerläden und schicke Autos säumen die kopfsteingepflasterte Greene Street zwischen Prince und Spring Street.

OBEN: Die Bäckerei Vesuvio in der Prince Street ist hundert Jahre alt. **GEGENÜBER:** Ein adretter Herr radelt an diesem beeindruckenden Privathaus (ca. 1833) in der Prince Street vorbei.

THE LAUNDRESS

OCHRE

HARNEY & SONS
FINE TEAS
MIND YOUR BODY

GEGENÜBER, IM UHRZEIGERSINN VON OBEN LINKS: The Laundress in der Prince Street; Kirschblüten in der Broome Street; rosa Luftballons in der Greene Street; Harney & Sons Fine Teas in der Broome Street
OBEN: Ein gusseisernes Meisterwerk mit dem Spitznamen »der König der Greene Street«

SOHO-CAST IRON HISTORIC DISTRICT
HOWARD ST
ONE
NO PARKING
Monday - Friday
8am - 6pm
ROMAN AND WILLIAMS
GUILD
NEW YORK
ROMAN AND WILLIAMS
GUILD
NEW YORK

GEGENÜBER: Die Roman and Williams Guild an der Howard Street mit ihrer marineblauen Fassade
OBEN: Das stilvolle Interieur von RW ist ein Paradies für Ästheten, das Restaurant, Bibliothek, Design-Galerie und Blumenladen vereint.

OBEN: Blatt- und Blumendetail aus Gusseisen in der Mercer Street **GEGENÜBER, IM UHRZEIGERSINN VON OBEN LINKS:** Dekorative architektonische Details sind im gesamten Viertel zu finden.

83

SHAFTWAY

DJUL

OBEN: Das Restaurant Little Prince in der Prince Street ist zu Ehren des französischen Nationalfeiertags mit Luftballons und Fahnen geschmückt. **GEGENÜBER, IM UHRZEIGERSINN:** Französisches Bekleidungsgeschäft A.P.C. in der Mercer Street; Outdoor-Dining im Balthazar in der Spring Street; ein Tisch für zwei in der Thompson Street; Raoul's Bistro in der Prince Street

A.P.C
125

BALTHAZA
PATISSERIE
BALTHAZAR

BALLANTINE
RAOUL'S

FLORIST

OBEN: Kenn's Broome Street Bar, ein langjähriger Geheimtipp am West Broadway
GEGENÜBER: Ein Gestell mit unbenutzten Citibikes im Schnee in der Mercer Street

citi bike
32

OBEN: Ein elegant verglastes Fenster zeigt eine ungewöhnliche Auswahl an Pflanzen in einem Privathaus in der Prince Street. **GEGENÜBER:** Das stilvolle Interieur von Felix Roasting Co. in der Greene Street

OBEN: Die Topfpflanzen des Galli-Restaurants verleihen der Mercer Street einen Hauch von Grün.

Meine Lieblingsorte

SOHO

❶ Prince Street
Ein charmanter Block mit historischen Häusern und fabelhaften Restaurants zwischen MacDougal und Sullivan Street

❷ Greene Street
Mein Lieblingsabschnitt zwischen Prince Street und Spring Street hat ein Kopfsteinpflaster und zwei der schönsten gusseisernen Gebäude des Viertels

❸ Mercer Street
Eine weitere klassische Straße mit Kopfsteinpflaster und wunderschönen Läden und Wohnhäusern, zwischen Prince Street und Spring Street

❹ Broome Street
Einige der markantesten Bauwerke aus Gusseisen befinden sich zwischen Mercer und Wooster Street.

GRAMERCY PARK

Vor vielen Jahren, ging ich eines Nachts während eines heftigen Schneesturms durch den Gramercy Park. Die geparkten Autos waren vollständig mit Schnee bedeckt, die altmodischen Straßenlaternen leuchteten. Als ich an den verzierten gusseisernen Balkonen von Gramercy Park West vorbeikam, fühlte ich mich in die Vergangenheit zurückversetzt, als hätte sich die Gegend seit Mitte des 18. Jahrhunderts nicht verändert. Seitdem bin ich verliebt in dieses Viertel.

Der Gramercy Park war Sumpfland, als er 1833 angelegt wurde. Er ist einer von zwei privaten Parks in New York City, und nur die glücklichen Bewohner der unmittelbaren Umgebung erhalten einen Schlüssel. Lange Zeit galt er als eines der vornehmsten Viertel New Yorks, in dem einst Theodore Roosevelt, John Barrymore und James Cagney wohnten. Außerdem gibt es hier zwei historische Privatclubs in denkmalgeschützten Herrenhäusern auf der Südseite des Parks: den Players Club, der 1888 von dem Schauspieler Edwin Booth (Bruder von John Wilkes Booth) in einem von Stanford White entworfenen Gebäude gegründet wurde, und den National Arts Club im viktorianisch-gotischen Haus des ehemaligen New Yorker Gouverneurs Samuel Tilden.

Am liebsten gehe ich in Richtung Norden entlang des Irving Place – eine kurze Strecke, aber voller wunderbarer Restaurants: Friend of a Farmer auf der Westseite, Pete's Tavern, »New York's Oldest Original Bar« (seit 1864), auf der Ostseite. Und ich verpasse nie die Gelegenheit, durch die 19th Street zwischen Irving Place und 3rd Avenue zu schlendern, die auch als »Block Beautiful« bezeichnet wird. Nach einem Spaziergang durch den Park mache ich mich gerne auf den Weg zum Stuyvesant Square, einem wenig beachteten Kleinod nur wenige Blocks östlich des Gramercy Parks. Dazu gehören der Rutherford Place, ein ruhiger Block mit schönen Stadthäusern, der wunderschöne Stuyvesant Park und das historische Friends Seminary and Meetinghouse. Der Fußweg lohnt sich.

Verschnörkelte gusseiserne Veranden und Kirschblüten im schönen Gramercy Park West

OBEN: Ein stattliches, mit Efeu bewachsenes Herrenhaus aus dem Jahr 1854 an der Ecke Irving Place und East 19th Street **GEGENÜBER, IM UHRZEIGERSINN VON OBEN LINKS:** Die historische Pete's Tavern an der Ecke East 18th Street und Irving Place; altmodische Laternen am Gramercy Park East; spitzenartige gusseiserne Balkone am Irving Place; ein französisch-gotisches Apartmenthaus am Gramercy Park East

PETE'S TAVERN
EST.1864
PETE'S

NO PARKING

GEGENÜBER: Blick vom Stuyvesant Square Park auf den malerischen Rutherford Place
OBEN: Ein romantischer Eingang zu einem Gebäude in Gramercy Park South

OBEN: Ein einzigartiges einstöckiges Kutschenhaus im niederländischen Stil in der East 19th Street
GEGENÜBER: Ein charmantes Kutschenhaus von 1861 in der East 19th Street, New Yorks »schönstem Block«

Gramercy Park
E 20 St

GEGENÜBER, IM UHRZEIGERSINN VON OBEN LINKS: Der National Arts Club (links); Gramercy Park North an einem regnerischen Apriltag; ein raffinierter Eingang am Gramercy Park North; eine schöne Reihe von Stadthäusern an der East 18th Street zwischen Irving Place und 3rd Avenue **OBEN:** Grafische schwarz-weiße Tordetails in der East 19th Street

GRAMERCY
34
2
106236

GEGENÜBER: Das prächtige Gramercy-Apartmentgebäude (ca. 1883) am Gramercy Park East war eine der ersten Genossenschaftswohnungen in New York City. **OBEN:** Der eigenwillige Cherub-Brunnen des National Arts Club am Gramercy Park South

OBEN: Ein flüchtiger Blick in eine Ecke des bezaubernden Gartens im Gramercy Park mit Tulpen, Buchs und blühenden Bäumen

Meine Lieblingsorte

GRAMERCY PARK

❶ Gramercy Park West
Eine Reihe von historischen Häusern mit gusseisernen Balkonen und Blick auf den Park

❷ Gramercy Park East
Hier finden Sie ein einmaliges gotisches Gebäude (mit Rittern in glänzender Rüstung am Eingang) und ein prächtiges Wohnhaus von 1883.

❸ E. 19th Street
New Yorks »Block Beautiful«, zwischen Irving Place und 3rd Avenue, ist voll von einzigartigen Häusern.

❹ Irving Place
Die vier Blocks von der 16th Street bis zum Park mit guten Restaurants und hübschen Gebäuden

❺ Rutherford Place
Die wunderschönen Häuser aus der Mitte des neunzehnten Jahrhunderts und die St. Georges Church mit Blick auf den Stuyvesant Square Park sind wahre Schätze.

127

MURRAY HILL

Murray Hill, ein oft übersehenes Juwel in Midtown, galt einst als eine der nobelsten Adressen der Stadt. Im späten neunzehnten Jahrhundert lebten hier unter anderem die Vanderbilts, Astors und Rockefellers. Die herausragende Morgan Library & Museum an der 37th Street und Madison Avenue ist vielleicht das berühmteste Wahrzeichen des Viertels. Aber wenn Sie nur ein paar Blocks weiter nach Osten gehen, werden Sie Stadthäuser aus dem Goldenen Zeitalter entdecken, die von den Architekten Stanford White und McKim, Mead & White entworfen wurden: reizende Reihenhäuser und Sniffen Court, ein verstecktes, bildhübsches Marstallhaus an der 36th Street. Nur ein paar Blocks weiter nördlich und westlich befinden sich zwei meiner Lieblingsorte in Manhattan: der Bryant Park und die New York Public Library.

Ich lernte Murray Hill zum ersten Mal in dem Sommer kennen, in> dem ich als Redaktionsassistentin bei einem bekannten Modemagazin anfing. Zusammen mit zwei Freunden aus Italien wohnte ich einen Monat lang in einem Mietstudio an der Ecke 37th Street und Lexington Avenue. Jeden Tag lief ich die acht Blocks zu meinem neuen Büro in der Madison Avenue, aber das Viertel um mich herum habe ich nie wirklich erkundet. Mein Pech.

Jahre später lernte ich die Gegend als Moderedakteurin wieder kennen, als der neue und verbesserte Bryant Park zum Hauptschauplatz der New Yorker Modewoche wurde. Der Bryant Park Grill war beliebt für ein Mittagessen, und der Park selbst wurde für viele von uns, die in Midtown arbeiteten, zur perfekten Oase. Und obwohl ich heute nicht mehr in der Nähe arbeite, besuche ich den Park immer noch regelmäßig. Mit seinem weitläufigen grünen Rasen, den Bistrostühlen und -tischen und der Pariser Atmosphäre ist er der perfekte Ort, um sich nach einem Spaziergang durch Murray Hill zu entspannen – wie ein kleiner Luxemburger Garten mitten in Manhattan.

Herrschaftliche Stadthäuser aus dem frühen zwanzigsten Jahrhundert entlang der East 35th Street zwischen Park und Lexington Avenues

OBEN: Leuchtend goldene Blätter umrahmen ein elegantes Stadthaus in der East 35th Street. **GEGENÜBER:** Eine verschnörkelte Eisentür und ein paar charmante Accessoires setzen in der East 35th Street ein Zeichen

113

OBEN: Ein anmutiges fünfstöckiges Stadthaus mit einer auffälligen grünen Fassade an der East 38th Street **GEGENÜBER, IM UHRZEIGERSINN:** Vier markante Eingänge: ein phantasievolles Tor in der East 37th Street, schmucke schwarze Doppeltüren in der East 35th Street, klassische Bögen und Urnen in der East 35th Street und eine goldverzierte Tür in der East 38th Street.

110

One Twenty
120

GEGENÜBER: »Fortitude«, eines der Löwenmaskottchen der New York Public Library, trägt seinen Adventskranz mit Stolz. **OBEN:** Ein Zauberteppich aus Herbstblättern weist den Weg zum Haupteingang der NYPL.

OBEN: Genießen Sie eine Pause vom Trubel in Midtown im Le Pain Quotidien im Bryant Park.
GEGENÜBER, IM UHRZEIGERSINN VON OBEN LINKS: Szenen aus dem Bryant Park: eine dekorative Urne, hübsche Frühlingsblumen, ein entzückendes Karussell und der klassische Bryant Park Grill

OBEN: Die renommierten Architekten Delano & Aldrich aus dem Goldenen Zeitalter verwandelten dieses ehemalige Kutschenhaus an der 38th Street 1916 in ihren beeindruckenden Firmensitz. **GEGENÜBER:** Ein klassischer Innenhof und dichtes Blattwerk verdecken ein Backstein-Stadthaus (ca. 1858) in der East 38th Street.

152
150

OBEN: In Sniffen Court an der East 36th Street finden sich äußerst charmante (und ganz ruhig gelegene) Trendwohnungen, umgebaut aus ehemaligen Stallungen.

Meine Lieblingsorte

MURRAY HILL

❶ E. 38th Street
Zwei architektonische Schönheiten zwischen Park und 3rd Avenue, die man nicht verpassen sollte

❷ E. 37th Street
Das Herrenhaus der Morgan Library & Museum im italienisch anmutenden Stil liegt an der Madison Avenue. Zwischen Madison und Lexington Avenue finden Sie weitere beeindruckende Stadthäuser und Hauseingänge.

❸ E. 36th Street
Ich mache immer einen kleinen Abstecher zum Sniffen Court, einem charmanten privaten Marstall mit zehn Ziegelställen zwischen Lexington und 3rd Avenue.

❹ E. 35th Street
Ein prachtvolles Herrenhaus im französischen Renaissancestil und schmucke Brownstone-Häuser zwischen Park und Lexington Avenue

109

UPPER EAST SIDE

Upper East Side ist praktisch ein Synonym für High-End Madison-Avenue-Boutiquen, prächtige Kalksteinvillen, Museen von Weltrang, Elite-Privatschulen (dank Gossip Girl), das Plaza Hotel und die »Park Avenue Ladies who lunch«. Und ja, sie ist das alles: klassisch, kultiviert, elegant und ein wenig konservativer als der Rest von Manhattan. Wenn ich nach Uptown fahre, habe ich immer Lust, mich ein bisschen schicker zu machen. Aber die UES, wie sie manchmal genannt wird, ist auch ein erstaunlich weitläufiges Gebiet, das sich von der 5th Avenue bis zum East River erstreckt und ein wenig überwältigend wirken kann.

Meine erste Wohnung in New York befand sich im fünften Stock eines Hochhauses an der Ecke 79th Street und 3rd Avenue. (Die Miete war für New Yorker Verhältnisse erschwinglich.) Nach zwei Jahren in diesem Viertel zog ich Downtown, verbrachte aber weiterhin viel Zeit hier – von Arbeitstreffen über Museumsbesuche (vom Frick Museum kann ich nie genug bekommen!) bis hin zu Besuchen bei Großeltern und Freunden. Ich habe sogar im Lotos Club geheiratet, einem Herrenhaus im französischen Renaissance-Stil in der East 66th Street. Trotzdem entdecke ich immer noch Ecken und Winkel, die ich noch nie gesehen habe. Nachdem ich zum Beispiel das neue Maman-Café an der 3rd Avenue und 81st Street besucht hatte, bog ich um die Ecke und entdeckte die wunderbarste Reihe von Stadthäusern mit überquellenden Blumenkästen. Auf dem Weg zu einer Verabredung mit Freunden zum Mittagessen fiel mir das anmutige weiße Stadthaus in der East 61st auf. Und als ich vor ein paar Jahren das Metropolitan Museum besuchte, nahm ich danach mal einen anderen Weg zur U-Bahn und stolperte über eines meiner Lieblingsstadthäuser (121 East 78th Street). Ich fotografiere es zu jeder Jahreszeit. Die Upper East Side wird Sie immer wieder mit ihren Schätzen überraschen – vorausgesetzt, Sie sind bereit für weite Wege!

Ein elegantes weißes Stadthaus mit einem anmutigen Treppenhaus in der East 61st Street

OBEN: Die bunte Auslage des Restaurants JoJo in der East 64th Street
GEGENÜBER: Ein einsamer Spaziergang im Central Park an einem regnerischen Herbsttag

38

153

GEGENÜBER, IM UHRZEIGERSINN: Ein imposantes Treppenhaus in der East 69th Street; ein Stadthaus mit Privatgarage in der East 70th Street; ein markanter Erker in der East 65th Street; ein charmantes Stadthaus in der East 71st Street **OBEN:** Blaue Hortensien und eine prächtige Glyzinienranke unterstreichen die Schönheit dieses klassischen Stadthauses in der East 78th Street.

OBEN: Der Ralph Lauren Flagship Store und der Coffee Shop befinden sich in einem schönen Herrenhaus im Beaux Arts-Stil an der Ecke Madison Avenue und East 72nd Street. **GEGENÜBER, IM UHRZEIGERSINN:** Der Blumenwagen des Mark Hotels, East 77th Street; Eli's Market, East 80th Street und 3rd Avenue; das Goyard-Geschäft, East 63rd Street; Via Quadronno, East 73rd Street

ASSOULINE
THE MARK

ELI'S FLOWERS

VIA QUADRONNO

20
GOYARD
GOYARD
GOYARD
GOYARD
GOYARD

OBEN: Ein wunderschöner Magnolienbaum im Central Park **GEGENÜBER:** Eine hübsche Reihe von Stadthäusern in der East 80th Street zwischen Lexington und 3rd Avenues

THESE FRESH FLOWERS ARE
THE CONTINUING GIFT OF
LILA ACHESON WALLACE

GEGENÜBER: Die Eingangshalle des Metropolitan Museum of Art ist mit Kirschblütenzweigen geschmückt.
OBEN: Academy Mansion, ein Renaissance-Palazzo im neo-italienischen Stil (ca. 1916) in der East 63rd Street

126

127

GEGENÜBER: Eine Sammlung festlich geschmückter Fassaden im ganzen Viertel: mit Buchsbaum gesäumte Treppe, East 71st Street; klassischer Säuleneingang, East 73rd Street; kunstvolle schmiedeeiserne Tür, East 82nd Street; funkelnde Girlanden, East 81st Street **OBEN:** Ein klassisches Herrenhaus aus Kalkstein mit Weihnachtskränzen in der East 81st Street zwischen Park und Lexington Avenue

OBEN: Ein herrlicher Erker und eine gepflegte Grünanlage in der malerischen East 70th Street zwischen Park und Lexington Avenue

Meine Lieblingsorte

UPPER EAST SIDE

❶ E. 80th Street
Eine charmante Reihe von Stadthäusern mit lichten Eingängen zwischen Lexington und 3rd Avenue

❷ E. 78th Street
Der Block zwischen Park und Lexington Avenue ist gespickt mit einigen meiner absoluten Lieblingshäuser.

❸ E. 72nd Street
Der stattliche Ralph-Lauren-Flagshipstore befindet sich an der Ecke zur Madison Avenue. Bis zur 5th Avenue säumen atemberaubende Villen den Block.

❹ E. 70th Street
Der Block zwischen Park und Lexington Avenues ist übersät mit eleganten Häusern, dem schicken Geschäft Creel and Gow und dem entzückenden Corrado-Café.

10

CARNEGIE HILL

Carnegie Hill, benannt nach der Villa des Industriellen und Philanthropen Andrew Carnegie aus dem Jahr 1902 an der Ecke 91st Street und 5th Avenue, ist eine ruhige Enklave in den oberen Gefilden der Upper East Side. Mit seiner Ausdehnung von der 86th bis zur 96th Street und vom Central Park bis zur 3rd Avenue ist es zwar ein relativ kleines Viertel, hat es aber in sich! Hier befindet sich die berühmte Museumsmeile von New York City mit dem Cooper Hewitt, Smithsonian Design Museum (in Carnegies ehemaliger Villa), dem Jüdischen Museum, das im französisch-gotischen Château des Philanthropen Felix Warburg untergebracht ist, und dem Solomon R. Guggenheim Museum, entworfen von dem berühmten Architekten Frank Lloyd Wright.

Das Viertel habe ich durch meine Besuche in diesen Museen kennengelernt. Aber als ich mir die Zeit nahm, auch die Seitenstraßen jenseits der 5th Avenue und der Museen zu erkunden, war ich von dem ruhigen, altertümlichen Charme von Carnegie Hill angetan. Zwei der ältesten Fachwerkhäuser von New York in der 92nd Street, die Reihe der atemberaubenden Brownstones mit Erkerfenstern in der 95th Street und das auffällige rosafarbene Stadthaus des Illustrators Abe Hirschfeld weiter unten haben mich sofort in ihren Bann gezogen. Und ich freue mich immer darauf, die herrlichen Grünanlagen entlang der Park Avenue Mall zu besuchen, die von der Carnegie Hill Neighbors Association angelegt wurden: Tulpen und Kirschblüten im April und Mai, bunte Pflaumen im Herbst und Weihnachtsbäume im Winter. Und es ist zu jeder Jahreszeit schwer, einem Spaziergang durch den Central Park zu widerstehen, um die Frühlingsblüte oder das sich verfärbende Herbstlaub zu genießen. Carnegie Hill wurde als New Yorks »Quintessenz des Wohnviertels« bezeichnet, und ich kann gut verstehen, warum.

Ein elegantes graues Stadthaus im Neo-Renaissance-Stil in der East 95th Street zwischen Madison und 5th Avenue

10

GEGENÜBER: Weihnachtsgirlanden schmücken dieses attraktive Reihenhaus in der East 92nd Street.
OBEN: Ein charmantes, efeubewachsenes Gebäude an der Ecke Madison Avenue und East 93rd Street

OBEN: Schulmädchen in niedlichen Schürzen steigen an der Ecke 5th Avenue und East 92nd Street in einen Stadtbus. **GEGENÜBER:** Leuchtende Herbstblätter im Central Park

67

GEGENÜBER, IM UHRZEIGERSINN VON OBEN LINKS: Eine türkisfarbene Tür und Formschnitt in der East 94th Street; das Cooper Hewitt, Smithsonian Design Museum; markante Türdetails in der East 93rd Street; ein rosafarbenes Stadthaus in der East 95th Street **OBEN:** Verzierte Holztüren und ein klassisches Erkerfenster in der East 94th Street

OBEN: Die kunstvollen gotischen Türme des Jüdischen Museums, eingerahmt von farbenprächtigem Herbstlaub im gegenüberliegenden Central Park **GEGENÜBER:** Eine festlich mit Kürbissen geschmückte Treppe in der East 93rd Street zwischen Madison und 5th Avenue

GEGENÜBER, IM UHRZEIGERSINN: Bunte Herbstblumen schmücken den Eingang zum Central Park in der East 90th Street; eine rostfarbene Fassade in der East 92nd Street; korinthische Säulen und Kirschblüten in der East 93rd Street; eine Mischung aus Grün- und Rosatönen in der East 91st Street
OBEN: Atemberaubende rote Tulpen und rosafarbene Kirschblüten in der Park Avenue Mall

OBEN: Straßenbäume, umrahmt von leuchtend roten Tulpen bringen Farbe auf den Fußweg der East 95th Street, einem eleganten Viertel zwischen Madison und 5th Avenues.

Meine Lieblingsorte

CARNEGIE HILL

❶ E. 95th Street
Zwischen Park und Lexington finden Sie eine wunderschöne Reihe von Stadthäusern mit auffälligen Erkern.

❷ E. 93rd Street
Ein imposanter Block mit efeubewachsenen Brownstone-Häusern zwischen Madison und 5th Avenue

❸ E. 92nd Street
Zwischen Park und Lexington Avenue lohnt sich ein Spaziergang zu zwei historischen Schindelhäusern auf der Südseite der Straße

❹ E. 91st Street
Ein Häuserblock mit vielen architektonischen Details – besonders schön ist es hier im Frühling

28

BROOKLYN HEIGHTS

Brooklyn Heights, der älteste »Pendlervorort« New Yorks, wurde erstmals 1823 als Rückzugsort auf dem Lande beworben. Bis zur Fertigstellung der Brooklyn Bridge im Jahr 1883 war die Fähre die einzige Möglichkeit, um dorthin zu gelangen. Jetzt kann man natürlich in die U-Bahn steigen oder, noch besser, einen malerischen Spaziergang über die Brücke machen, um in das am besten erhaltene Viertel von Brooklyn zu gelangen. Mit über sechshundert Häusern aus der Zeit vor dem Bürgerkrieg war dies das erste Viertel in New York, das 1965 durch die Verabschiedung des Denkmalschutzgesetzes zum historischen Bezirk erklärt wurde. Die Vielfalt der architektonischen Stile – Greek Revival, Federal und Italianate, um nur einige zu nennen – und die beeindruckende literarische Geschichte – Truman Capote, Walt Whitman, W. E. B. Du Bois, Arthur Miller und Carson McCullers haben hier gelebt und geschrieben – sind nicht zu übertreffen!

Ich kann gar nicht glauben, wie lange es gedauert hat, bis ich tatsächlich über die Brücke gegangen bin (erst vor vier Jahren!). Aber wie sagt man so schön: besser spät als nie. Als ich das charmante Viertel mit seinen wunderschön restaurierten Kutschenhäusern, dem Kopfsteinpflaster, den beeindruckenden Villen und Brownstones, den Schindelhäusern aus dem frühen neunzehnten Jahrhundert, den »Fruit Streets« und dem besten Blick auf Manhattan entdeckte, war ich sofort begeistert. Seit diesem ersten Ausflug bin ich viele Male zurückgekehrt (meistens mit der U-Bahn), um durch die Straßen zu spazieren, und jedes Mal fühle ich mich wie in einem Mini-Urlaub in einem malerischen, aber eleganten kleinen Dorf – physisch ganz nah an Manhattan, aber im Geiste in einer Welt für sich.

Eine hübsche Reihe bunt gestrichener Backstein-Kutschenhäuser am College Place, einer abgelegenen kleinen Sackgasse

END
ONE WAY

GEGENÜBER: Eine beeindruckende Privatvilla an der Montague Terrace mit eigenem, blumengeschmücktem Sommergarten und Blick auf den East River **OBEN:** Ein Spaziergänger mit mehreren Hunden in der von Bäumen gesäumten Remsen Street

INEAPPLE ST

GEGENÜBER, IM UHRZEIGERSINN: Ein orangefarbenes Fahrrad in der Columbia Heights; eine Reihe eleganter Stadthäuser in der Columbia Heights; ein mit roten Geranien gefüllter Blumenkasten in der Pineapple Street; ein wunderschönes natürliches Vordach in der Pierrepont Street **OBEN:** Ein mit Efeu und Trompetenreben bewachsenes Kutschenhaus in der Hunts Lane

OBEN: Ein rosaroter Regenschirm als Kontrast zum exquisiten Herman Behr Mansion an der Ecke Pierrepont und Henry Street **GEGENÜBER:** Eine robuste Holztür und zierliche Blumenkübel schmücken ein Haus in Columbia Heights.

187
185

OBEN: Ein charmantes Privathaus in der Pineapple Street war einst ein Feuerwehrstall, erbaut 1880 **GEGENÜBER, IM UHRZEIGERSINN VON OBEN LINKS:** Die schönen Backstein-Kutschenhäuser in der Grace Court Alley; ein beeindruckendes Bogenfenster in Grace Court; ein gelbes Backstein-Kutschenhaus am Sidney Place; ein klassisches Kutschenhaus in der Willow Street

14

JORALEMON ST
COLUMBIA PL
Lime

GEGENÜBER: Bunte Reihenhäuser in der malerischen und kopfsteingepflasterten Joralemon Street
OBEN: Ein elegantes Stadthaus im italienischen Stil in Columbia Heights

OBEN: Ein historisches Holzrahmenhaus aus den 1830er-Jahren in der Pineapple Street
GEGENÜBER: Stadthäuser in Columbia Heights an einem verschneiten Februartag

OBEN: Eine verzierte schmiedeeiserne Tür in Columbia Heights **GEGENÜBER, IM UHRZEIGERSINN:** Eine blaue Tür in der Willow Street; eine rote Tür am College Place; eine rote Tür und ein rosa Fahrrad in der Willow Street; ein historisches Schindelhaus (ca. 1822) mit roten Fensterläden in der Middagh Street

30

30

OBEN: Ein schwarzweißes Kutschenhaus in der Hunts Lane

Meine Lieblingsorte

BROOKLYN HEIGHTS

❶ Pineapple Street
Zwei meiner Lieblingshäuser, ein Haus im Federal-Style und ein umgebauter Feuerwehrhof, befinden sich zwischen Columbia Heights und Hicks Street.

❷ Columbia Heights
Eine außergewöhnliche Vielfalt an eleganten Stadthäusern zwischen Pierrepont und Pineapple Street

❸ Grace Court Alley
Eine bezaubernde Gasse mit umgebauten Kutschenhäusern aus der Mitte des neunzehnten Jahrhunderts

❹ Joralemon Street
Ein malerischer Abschnitt von drei Blöcken mit bunten Backstein- und Schindelhäusern zwischen Columbia Place und Sidney Place

Danksagungen

Mein herzlicher Dank geht an meine wunderbare Instagram-Familie, die mir gefolgt ist. Ohne euch wäre dieses Buch nicht möglich gewesen. Und meinen Instagram-Kollegen aus New York City danke ich für ihre schönen und inspirierenden täglichen Beiträge.

Ein Dankeschön an alle New Yorker Denkmalschutzorganisationen und Denkmalschützer in Vergangenheit und Gegenwart, die sich für den Schutz der architektonisch, historisch und kulturell bedeutenden Gebäude in unserer Stadt einsetzen. Ohne ihre Bemühungen würde vieles von dem, was Sie in diesem Buch sehen, heute nicht mehr existieren.

Die Erstellung dieses Buches war kein Alleingang. Ich kann mich glücklich schätzen, dass ich diese unterstützenden und talentierten Menschen an meiner Seite hatte.

Mein tiefster Dank geht an:

Meinen Ehemann, Shawn Young, der mir bei jedem Schritt zur Seite stand und mich anfeuerte. Ohne sein Fachwissen und seine unermüdliche Unterstützung wäre dieses Buch nicht das, was es ist.

Rina Stone für ihre frühe Mitarbeit an diesem Projekt. Ihr geniales Exposé hat dazu beigetragen, dieses Buchprojekt ins Rollen zu bringen.

Meine Agentin Kristin van Ogtrop, die aus der Idee Wirklichkeit werden ließ und mich geduldig durch den Prozess geführt hat.

Meine Lektorin Rebecca Kaplan, die an dieses Buch geglaubt hat und mir gnädigerweise so viel kreative Freiheit gelassen hat; der Designerin Darilyn Carnes für ihr wunderschönes und zeitloses Buchdesign; und dem gesamten fantastischen Team des Abrams-Verlags.

Michael A. Hill, für seine unglaublich charmanten und wunderschön gestalteten Kartenillustrationen.

Jenny Comita, die meinen Worten den letzten Schliff gegeben hat; Sara Luckey, die großzügig ihre fotografischen Fähigkeiten zur Verfügung gestellt hat; und Cynthia Conigliaro, Christine Ganeaux, Andrea Linett und Jeannie Park für ihre Unterstützung und ihren Rat auf dem Weg.

Meine Mutter, die die ruhige und beständige Stimme war, die ich brauchte, um mich während der Entstehung dieses Buches auf Kurs zu halten.

Meine Familie und alle meine Freunde für ihre Begeisterung und ihren Enthusiasmus!

Ich widme dieses Buch meinem Vater, der es liebte, Architektur und Blumen zu fotografieren, und der sich über dieses Buch sehr gefreut hätte.

ISBN: 978-3-03876-215-7

3. Auflage, © 2023

Übersetzung: Gregory C. Zäch
Lektorat: Claudia Koch
Design: Darilyn Lowe Carnes
Layout: Ulrich Borstelmann
Cover: Agentur 21

Midas Verlag AG
Dunantstrasse 3, 8044 Zürich
Mommsenstrasse 43, 10629 Berlin

www.midas.ch, kontakt@midas.ch
Facebook und Instagram: midasverlag

Die amerikanische Originalausgabe wurde 2022 unter dem Titel »Walk with me New York« bei Abrams, New York veröffentlicht. Dieses Werk wurde vermittelt durch die Literarische Agentur Thomas Schlück GmbH.

Die deutsche Nationalbibliothek verzeichnet diese Publikation in der Deutschen Nationalbibliografie; detaillierte bibliografische Daten sind im Internet abrufbar unter: http://www.dnb.de

SEITE 1: West 10th Street zwischen 5th und 6th Avenues **SEITE 2:** Detail von Magnolienblüten an der East 16th Street **SEITE 3:** Reich verzierter Eingang an der East 71st Street zwischen Madison und 5th Avenues **SEITE 4:** Grove Street zwischen Hudson und Bedford Streets **SEITE 6:** Blumenkasten am Waverly Place zwischen West 10th und Christopher Street **SEITE 174:** Ein Blick auf die Brooklyn Bridge und die Skyline von Manhattan von der Brooklyn Heights Promenade